BEI GRIN MACHT SICH IHR WISSEN BEZAHLT

- Wir veröffentlichen Ihre Hausarbeit, Bachelor- und Masterarbeit

- Ihr eigenes eBook und Buch - weltweit in allen wichtigen Shops

- Verdienen Sie an jedem Verkauf

Jetzt bei www.GRIN.com hochladen und kostenlos publizieren

G R I N ☺

Bibliografische Information der Deutschen Nationalbibliothek:

Die Deutsche Bibliothek verzeichnet diese Publikation in der Deutschen National-bibliografie; detaillierte bibliografische Daten sind im Internet über http://dnb.d-nb.de/ abrufbar.

Impressum:

Copyright © 2013 GRIN Verlag
Druck und Bindung: Books on Demand GmbH, Norderstedt Germany
ISBN: 9783346164506

Dieses Buch bei GRIN:

https://www.grin.com/document/583485

Carlos Sinaga

Cyber-Angriffe auf Industrial Control Systems. Analyse des Gefahrenpotenzials

GRIN Verlag

GRIN - Your knowledge has value

Der GRIN Verlag publiziert seit 1998 wissenschaftliche Arbeiten von Studenten, Hochschullehrern und anderen Akademikern als eBook und gedrucktes Buch. Die Verlagswebsite www.grin.com ist die ideale Plattform zur Veröffentlichung von Hausarbeiten, Abschlussarbeiten, wissenschaftlichen Aufsätzen, Dissertationen und Fachbüchern.

Besuchen Sie uns im Internet:

http://www.grin.com/

http://www.facebook.com/grincom

http://www.twitter.com/grin_com

Hausarbeit im Modul
IT-Sicherheitsmanagement
SS 2013
Master IT Management

Analyse des Gefahrenpotenzials durch Cyber-Angriffe auf Industrial Control Systems

Fachhochschule Mainz
University of Applied Sciences
Fachbereich Wirtschaft

vorgelegt von:
Carlos Sinaga 907191

eingereicht am:
14.07.2013

Inhaltsverzeichnis

Abkürzungsverzeichnis iii

Abbildungsverzeichnis iv

Tabellenverzeichnis v

1   Einleitung 1

    1.1   Motivation 1

    1.2   Aufbau und Zielsetzung 1

2   Grundlagen 2

    2.1   Cyber-Terrorismus 2

    2.2   Industrial Control Systems 3

        2.2.1   SCADA 3

        2.2.2   DCS 4

3   Besonderheiten von Industrial Control Systems 6

    3.1   Industrial Control Systems vs. traditionelle IT-Systeme 6

    3.2   Schwachstellen / Risikopotenziale 6

    3.3   Cyber-terroristische Anschläge auf ICS in der Vergangenheit 8

4   Potenzielle zukünftige Bedrohungen 9

5   Fazit und Ausblick 12

Literaturverzeichnis vi

Abkürzungsverzeichnis

BMI	Bundesministerium des Inneren
DCS	Distributed Control System
ENISA	European Network and Information Security Agency
ICS	Industrial Control System
ICS-CERT	ICS- Cyber Emergency Response Team
ISA	International Society of Automation
RTU	Remote Terminal Unit
SCADA	Supervisory Control and Data Acquisition

Abbildungsverzeichnis

Abbildung 1: Schematische Darstellung SCADA System 3
Abbildung 2: Schematische Darstellung DCS 5
Abbildung 3: Verteilung Cyber-Angriffe auf ICS von Okt 12 bis Jun 13 9

Tabellenverzeichnis

Tabelle 1: Unterschiede Prioritäten ICS und traditionelle IT-Systeme 6

Tabelle 2: Bedrohungen für ICS kritischer Infrastrukturen 11

v

1   Einleitung

1.1   Motivation

Es gibt unterschiedliche Auffassungen darüber, ob Cyber-Terrorismus aktuell bereits eine reale Gefahr für die Menschheit darstellt oder ob dies noch in weiter Ferne liegt. Dagegen spricht, dass es bisher noch keine registrierten Fälle von Cyber-Angriffen gab, die ein hohes Ausmaß an physischer Zerstörung oder gar Menschenleben zur Folge hatten. Unabhängig davon ist jedoch das Potenzial für physische Schäden bei Cyber-Angriffen auf Industrial Control Systems (ICS) im Vergleich zu Angriffen auf traditionelle IT-Systeme[1] wesentlich höher. Die Gründe hierfür sollen in der folgenden Arbeit genauer untersucht werden. Ebenso sollen die Folgen bereits realisierter Cyber-Angriffe auf ICS sowie mögliche Bedrohungen dargestellt werden, die sich aus potenziellen zukünftigen Szenarien ergeben könnten.

1.2   Aufbau und Zielsetzung

In der nachfolgenden Arbeit werden die zentralen Begriffe Cyber-Terrorismus und Industrial Control Systems (ICS) in Kapitel 2 zunächst näher erläutert, um die Grundlagen für alle weiteren Überlegungen zu schaffen.

Im Anschluss wird in Kapitel 3 darauf eingegangen, welche Angriffspunkte es bei ICS gibt und welche Risiken sich daraus ergeben. Zusätzlich werden Beispiele für bereits aufgetretene cyber-terroristische Anschläge aus der Vergangenheit angeführt.

Die eigentliche Zielsetzung der Arbeit ist jedoch, aufzuzeigen, welche potenziellen Bedrohungen sich durch Cyber-Terrorismus im Zusammenhang mit ICS zukünftig ergeben könnten. In Kapitel 4 werden entsprechende Beispiele angeführt.

Abschließend werden die diskutierten Inhalte in Kapitel 5 reflektiert und ein Fazit gezogen.

---

[1] Unter traditionellen IT-Systemen werden unternehmensintern installierte Hard- und Software sowie die interne IT-infrastruktur verstanden (vgl. (Fraunhofer SIT, 2010, S. 2))

2 Grundlagen

2.1 Cyber-Terrorismus

Für Cyber-Terrorismus gibt es eine Vielzahl an Definitionen, da es sehr unterschiedliche Auffassungen dieses Begriffes gibt. Man könnte z.B. schon bei den Anschlägen vom 11. September von Cyber-Terrorismus sprechen, da die Terroristen auch Computer verwendet haben, um ihre Anschläge zu planen und Flugtickets zu buchen. Es ist daher schwierig hier eine exakte und vollständige Definition zu finden.[2] Eine häufig referenzierte Variante von Dorothy E. Denning stellt im Wesentlichen zwei Merkmale heraus:

a) Es handelt sich um Attacken/angedrohte Attacken gegen Computer, Netzwerke und die darin enthaltenen Informationen

b) Die Attacke resultiert in Gewalt gegen Personen oder Eigentum oder verursacht zumindest genügend Schaden um Angst zu erzeugen

Da Attacken gegen ICS enorme Auswirkungen auf Menschen und die Umwelt haben können, sind sie nach dieser Definition dem Cyber-Terrorismus zuzuordnen.[3]

Das Bundesministerium des Inneren differenziert noch weiter in die drei Begriffe Cyber-Angriff, Cyber-Spionage und Cyber-Sabotage. Unter Cyber-Angriffen werden IT-Angriffe im Cyber-Raum (d.h. der virtuelle Raum, in dem IT-Systeme über das Internet vernetzt sind) verstanden, die sich gegen ein oder mehrere IT-Systeme richten, um die IT-Sicherheit zu brechen. Richten sich diese Angriffe gegen die Vertraulichkeit eines IT-Systems und werden sie von fremden Nachrichtendiensten initiiert und gesteuert, wird dies als Cyber-Spionage bezeichnet. Bei Angriffen gegen die Integrität und Verfügbarkeit eines Systems, wird dagegen von Cyber-Sabotage gesprochen.[4]

---

[2] Vgl. (Gordon & Ford, 2003, S. 3ff.)

[3] Vgl. (Denning, CYBERTERRORISM - Testimony before the Special Oversight Panel on Terrorism, 2000, S. 1)

[4] Vgl. (Bundesministerium des Inneren (BMI), 2011, S. 14f.)

2.2 Industrial Control Systems

Der Begriff „Industrial Control System" umfasst verschiedene Typen von Kontrollsystemen im Industriesektor bzw. in kritischen Infrastrukturen[5]. Zu den wichtigsten Vertretern gehören „Supervisory Control and Data Acquisition (SCADA)" Systeme und „Distributed Control Systems (DCS)".[6] Auf die Unterschiede der einzelnen Typen soll im Folgenden näher eingegangen werden.

2.2.1 SCADA

SCADA Systeme sind in hohem Maße verteilte Systeme, die eingesetzt werden, um geografisch auseinander liegende Anlagen über große Entfernungen hinweg zu kontrollieren. Eine zentrale Erfassung und Kontrolle von Daten ist oft kritisch für die Aufrechterhaltung des laufenden Betriebs solcher Anlagen. Einsatzgebiete sind z.b. Öl-und Gas-Pipelines, Abwassersysteme, Stromnetze sowie Schienentransportsysteme.[7] Abbildung 1 zeigt eine schematische Darstellung eines SCADA Systems.

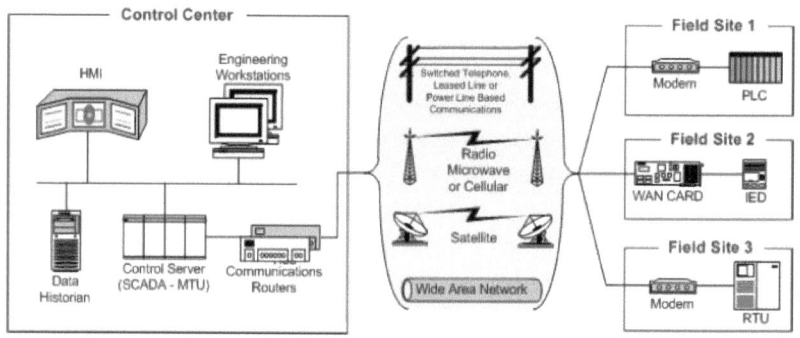

Abbildung 1: Schematische Darstellung SCADA System[8]

---

[5] Das Bundesamt für Bevölkerungsschutz und Katastrophenhilfe definiert kritische Infrastrukturen als „Organisationen oder Einrichtungen mit wichtiger Bedeutung für das staatliche Gemeinwesen, bei deren Ausfall oder Beeinträchtigung nachhaltig wirkende Versorgungsengpässe, erhebliche Störungen der öffentlichen Sicherheit oder andere dramatische Folgen eintreten würden." (Bundesministerium des Inneren (BMI), 2009, S. 4)

[6] Vgl. (Stouffer, Falco, & Scarfone, 2011, S. 15)

[7] Vgl. (Stouffer, Falco, & Scarfone, 2011, S. 15)

[8] (Stouffer, Falco, & Scarfone, 2011, S. 21)

2.2.2 DCS

DCS haben die Aufgabe industrielle Prozesse zu kontrollieren, wie z.B. die Stromerzeugung, die Behandlung von Abwasser oder auch Produktionsprozesse in der Chemie-, Nahrungs- und Automobilindustrie. Sie werden eingesetzt, um Signale/Rückmeldungen aus den Prozessen zu verarbeiten und automatisiert Kontrollmaßnahmen einzuleiten.[9] In Abbildung 2 ist ein typisches DCS dargestellt. Remote Terminal Units (RTU) messen Daten direkt aus den Prozessen und melden diese über das Netzwerk zurück.

---

[9] Vgl. (Stouffer, Falco, & Scarfone, 2011, S. 15)

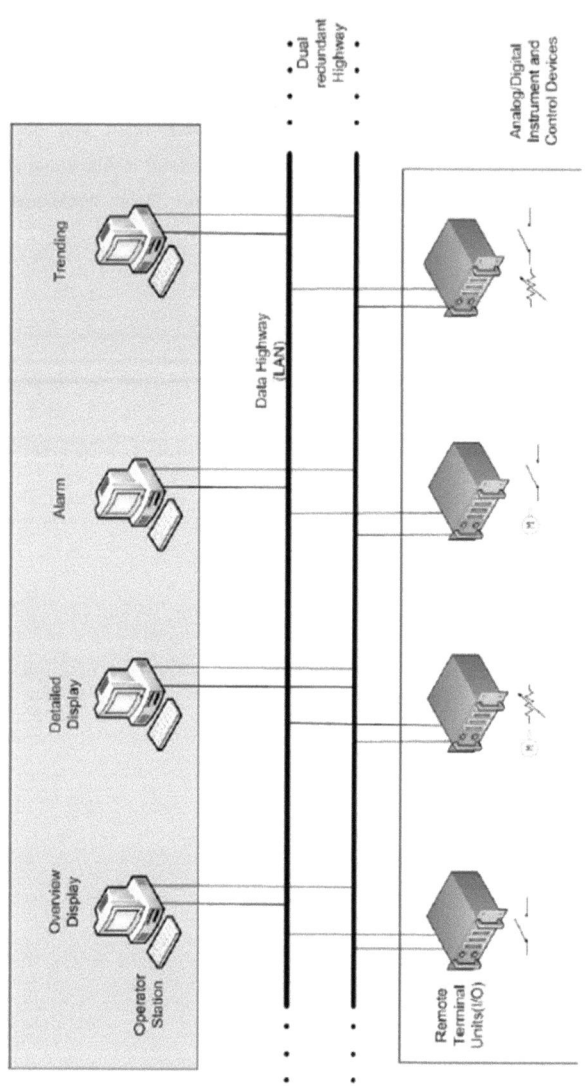

Abbildung 2: Schematische Darstellung DCS[10]

---

[10] (European Network and Information Security Agency (ENISA), 2011, S. 7)

3 Besonderheiten von Industrial Control Systems

3.1 Industrial Control Systems vs. traditionelle IT-Systeme

ICS unterscheiden sich in vielen Punkten von traditionellen IT-Systemen. Ein wesentlicher Unterschied liegt zunächst darin, dass ICS andere Prioritäten haben. Der Fokus wird hier hauptsächlich auf Performance und Verfügbarkeit der Systeme gelegt. Der Grund dafür liegt an dem zweiten bedeutenden Unterschied: ICS bergen häufig Risiken, die weitaus größere Auswirkungen, z.B. auf die Gesundheit und Sicherheit von Menschenleben, haben können.[11]

Tabelle 1 zeigt in einer Übersicht die Unterschiede von ICS und traditionellen IT-Systemen hinsichtlich Prioritäten im Risikomanagement.

Prioritäten ICS	Prioritäten traditionelle IT-Systeme
1. Verfügbarkeit	1. Vertraulichkeit
2. Integrität	2. Integrität
3. Vertraulichkeit	3. Verfügbarkeit

Tabelle 1: Unterschiede Prioritäten ICS und traditionelle IT-Systeme[12]

Im Detail bedeutet dies, dass bei ICS häufig Echtzeitdaten notwendig sind. Verzögerungen oder minimale Störungen in der Datenübertragung (Jitter) können daher nicht akzeptiert werden. Ebenso sind ungeplante Ausfälle nicht akzeptabel, Komponenten eines ICS sind i.d.R. redundant ausgelegt. Stopps oder Neustarts eines ICS sind meist nicht ohne Konsequenzen für Produktionsprozesse möglich und müssen daher lange im Voraus geplant werden. Bevor Software Updates implementiert werden können, müssen diese sehr sorgfältig getestet werden. Darüber hinaus werden für den Betrieb von ICS Netzwerken aufgrund der hohen Komplexität Experten mit speziellem Know-How benötigt („Control Engineers").[13]

3.2 Schwachstellen / Risikopotenziale

Bei der ursprünglichen Konzeption von ICS wurden Cyber-Security Aspekte meistens nicht bedacht, sodass auch die heutigen Systeme entsprechende Mängel aufweisen.[14] Im Folgenden soll etwas näher auf diese Schwachstellen und damit verbundene Risikopotenziale eingegangen werden.

---

[11] Vgl. (Stouffer, Falco, & Scarfone, 2011, S. 28)
[12] Vgl. (ISA, 2007, S. 36)
[13] Vgl. (Stouffer, Falco, & Scarfone, 2011, S. 28ff.)
[14] Vgl. (European Network and Information Security Agency (ENISA), 2011, S. 12)

Zunächst ist festzuhalten, dass häufig *Schwache Kommunikationsprotokolle* eingesetzt werden. Es mangelt an Nachrichtenauthentifizierungen und Verschlüsselungen bzw. sonstiger Mechanismen zur Sicherung der Integrität von Nachrichten. Der kostengetriebene Übergang von proprietären zu Standard Netzwerkprotokollen trägt ebenfalls zu diesen Mängeln bei. Daneben werden geschlossene ad-hoc Entwicklungen zunehmend durch *Standard Betriebssysteme und Applikationen* ersetzt. Der Grundsatz „Security through obscurity" ist damit nicht mehr gültig.[15]

Eine weitere Entwicklung, die zu neuen Schwachstellen führt, ist die *zunehmende Konnektivität* zwischen ICS und anderen IT-Systemen. ICS werden häufig über Remotezugänge gewartet und auch andere Parteien wie Manager, Hersteller und Partner haben über das Unternehmensnetzwerk Zugang zu kritischen Elementen. Hinzu kommt, dass diese Zugriffspunkte nicht angemessen durch Verschlüsselungen und Authentifizierungen geschützt werden, was zu *unsicheren Verbindungen* führt. Dies liegt auch daran, dass die für die ICS zuständigen Control Engineers häufig keine Erfahrung mit IT-Sicherheit haben. Das hierfür zuständige Personal ist wiederum nicht in das Design der ICS involviert. In diesem Zusammenhang ist auch ein *Mangel an globalen Sicherheitsrichtlinien* in den Unternehmen zu nennen. Traditionelle IT-Systeme und ICS sind meistens in gegenseitig abgegrenzten Unternehmensbereichen angesiedelt. Dies führt dazu, dass ICS in langfristigen Sicherheitskonzepten häufig nicht berücksichtigt werden.[16]

Ein weiteres Problem ist die *mangelnde Anwendbarkeit von Standards zur IT-Sicherheit*. Viele Hersteller von ICS unterstützen keine Antivirus Software, da die meisten ICS Implementierungen zahlreiche Individualentwicklungen für die Kunden beinhalten und die daraus resultierenden Testaufwände enorm hoch wären.[17]

Darüber hinaus können Risikopotenziale auch durch die *hohe Verfügbarkeit technischer Informationen* zu ICS entstehen. Allein durch Internetrecherche lassen sich viele Informationen zu ICS Applikationen, Design und Charakteristika finden. Dazu kommt, dass Hersteller häufig APIs und Toolkits zur Verfügung stellen, die auch von Hackern genutzt werden können. Schließlich gibt es auch viele Insider, wie Angestellte und Vertragspartner, die Informationen über ICS verbreiten können.[18]

---

[15] Vgl. (Stouffer, Falco, & Scarfone, 2011, S. 42)

[16] Vgl. (Stouffer, Falco, & Scarfone, 2011, S. 42f.)

[17] Vgl. (European Network and Information Security Agency (ENISA), 2011, S. 14)

[18] Vgl. (Stouffer, Falco, & Scarfone, 2011, S. 43)

3.3 Cyber-terroristische Anschläge auf ICS in der Vergangenheit

Um zu verdeutlichen, welche Formen von Cyber-Angriffen es bisher gab, werden im Folgenden vier Beispiele angeführt, die höhere Aufmerksamkeit in der Öffentlichkeit erzeugten.

Im November 2009 wurden mehrere Cyber-Angriffe gegen globale Öl-, Energie- und Petrochemieunternehmen durchgeführt und unter dem Namen *Night Dragon* bekannt. In diesem Zusammenhang wurden verschiedene Tools und Techniken eingesetzt, wie z.B. Social Engineering oder die Ausnutzung von Schwachstellen in Windows. Es handelte sich hier um keine komplexe Form von Angriffen, dennoch gelang es den Hackern auf diese Weise wertvolle vertrauliche Informationen zu bekommen. [19]

Ein Beispiel für einen sehr komplexen Cyber-Angriff ist *Stuxnet*. Es handelte sich hier um einen Computerwurm, der mit hohen Aufwänden speziell dafür entwickelt wurde SCADA Systeme von Siemens anzugreifen. Das primäre Ziel war, die Systeme durch Veränderung von Code so zu manipulieren, dass sie sie sich so verhielten, wie vom Angreifer erwünscht und ohne, dass dies von den Betreibern der Systeme bemerkt wurde.[20] Es ist zwar nicht hundertprozentig bewiesen, jedoch spricht vieles dafür, dass Stuxnet genau dies erreicht hat. Es wird vermutet, dass Zentrifugen in iranischen Urananreicherungsanlagen durch die Schadsoftware sabotiert wurden, sodass in Folge minderwertiges Uran produziert wurde.[21]

Als Nachfolger von Stuxnet wurde *Duqu* bekannt. Es handelte sich hier um einen Trojaner, der die Gewinnung von Informationen aus ICS zur Vorbereitung weiterer Angriffe auf Dritte zum Ziel hatte.[22]

Eine weitere ähnlich komplexe Schadsoftware wurde 2010 unter dem Namen *Flame* bekannt. Hier war es u.a. ebenfalls ein Ziel Informationen aus Industrieanlagen in Osteuropa und dem Nahen Osten zu gewinnen. Physische Schäden wurden hier jedoch nicht angerichtet.[23]

---

[19] Vgl. (Mc Afee Foundstone Professional Services; Mc Afee Labs, 2011, S. 3)
[20] Vgl. (Falliere, Murchu, & Chien, 2011, S. 1)
[21] Vgl. (Spiegel Online, 2010, S. 1)
[22] Vgl. (Symantec, 2011, S. 1)
[23] Vgl. (Symantec, 2012, S. 1)

8

4 Potenzielle zukünftige Bedrohungen

Wie im Verlauf der Arbeit festgestellt wurde, gibt es bei ICS zahlreiche Lücken in der IT-Sicherheit, dennoch gab es bisher noch keine Cyber-Angriffe, die zu ernsthaften Bedrohungen für die Menschheit mit massiven physischen Schäden geführt haben. Die Frage ist allerdings, ob dies mittel- bzw. langfristig auch so bleibt?

Die jüngsten Analyseergebnisse der Sicherheitsorganisation ICS-CERT[24] zeigen, dass es von Oktober 2012 bis Mai 2013 über 200 registrierte Angriffe auf ICS gegeben hat, über die Hälfte davon konzentrierte sich auf den Energiesektor. Im Vergleich zum Vorjahr entspricht dies etwa einer Steigerung von 100%. Es ist daher ein steigendes Interesse zu erkennen.[25]

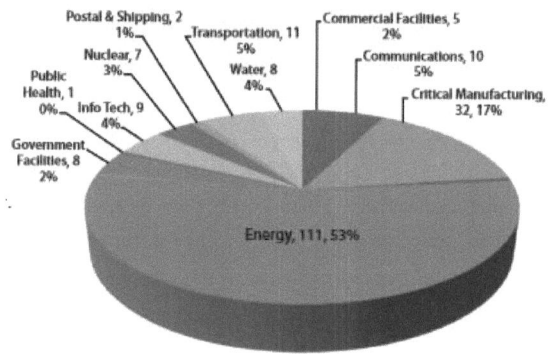

Abbildung 3: Verteilung Cyber-Angriffe auf ICS von Okt 12 bis Jun 13[26]

Darüber hinaus verstärken die zunehmende Vernetzung von ICS und Trends wie Apps und Cloud Services die in 3.2 genannten Schwachstellen von ICS. Sofern die Betreiber von ICS hier nicht mit entsprechenden IT-Sicherheitsmaßnahmen gegensteuern, wird es Angreifern zukünftig noch leichter fallen Sicherheitslücken auszunutzen.

Stuxnet hat z.B. gezeigt, dass bereits ICS angegriffen und so manipuliert werden konnten, dass das Verhalten von physischen Anlagen gesteuert werden konnte. Die Beeinflussung der Steuerung und Produktion von kritischen Infrastrukturen bis hin zu der Provokation eines

---

[24] ICS-CERT steht für Industrial Control Systems Cyber Emergency Response Team und bezeichnet ein Department der US Homeland Security, welches sich mit der Reduktion von Risiken im Sektor kritische Infrastrukturen beschäftigt

[25] Vgl. (ICS-CERT, 2012, S. 2)

[26] (ICS-CERT, 2012, S. 2)

Totalausfalls des ICS und den damit verbundenen Folgen sind daher theoretisch möglich[27].

Stuxnet, Duqu und Flame waren von ihrer Komplexität her jedoch so ausgereift, dass diese laut Expertenschätzungen nur durch die finanzielle Unterstützung von Nationalstaaten entwickelt werden konnten, da ein enormes technologisches Wissen und hohe Investitionen benötigt wurden[28]. Darüber hinaus stellt sich die Frage, ob terroristische Vereinigungen ihre verfolgten Ziele nicht mit anderen Mitteln, wie z.b. konventionellen Brandanschlägen, einfacher erreichen können[29].

Da jedoch auf den bereits vorhandenen Schadprogrammen aufgesetzt werden kann, fällt der Aufwand für neue Angriffe vermutlich geringer aus. Außerdem werden die Generationen zukünftiger Cyber-Terroristen möglicherweise noch besser ausgebildet sein, spezielleres Know-How besitzen und daher ohnehin einen einfacheren Zugang zu Cyber-Waffen haben. Das Interesse, diese für Anschläge mit physischen Auswirkungen einzusetzen, könnte damit steigen.[30] Weitere mögliche Bedrohungen könnten durch fortschreitenden Hacktivismus[31] entstehen. Politisch motivierte Bewegungen wie Occupy könnten zukünftig verstärkt digital aktiv werden und ICS als Ziele für Cyber-Angriffe fokussieren. Daneben ist das Aufkommen von sich gegenseitig bekriegenden Internetarmeen in nicht-demokratischen oder religiös geprägten Staaten (wie. z.b. Iran, Pakistan, China) eine weitere potenzielle Bedrohung.[32]

In Tabelle 2 sind die möglichen zukünftigen Bedrohungen für ICS aufgelistet und einer Eintrittswahrscheinlichkeit und einem möglichen Schadensausmaß zugeordnet.

---

[27] Vgl. (Schairer, 2007, S. 20)
[28] Vgl. (Kaspersky, 2012, S. 1)
[29] Vgl. (Schairer, 2007, S. 21)
[30] Vgl. (Denning, 2001, S. 1)
[31] Hacktivismus bezeichnet die Kombination von Online-Hacker-Aktivitäten und politischem Aktivismus (vgl. (Mc Afee Labs, 2012, S. 3))
[32] Vgl. (Mc Afee Labs, 2011, S. 4f.)

10

Bedrohung	Eintrittswahrscheinlichkeit	Schadensausmaß
Cyber-Angriffe von Nationalstaaten	Hoch	Gering
Cyber-Angriffe von terroristischen Vereinigungen	Mittel	Hoch
Cyber-Angriffe von Hacktivismus-Bewegungen	Hoch	Gering-Mittel
Cyber-Angriffe von Internetarmeen	Hoch	Gering-Mittel

Tabelle 2: Bedrohungen für ICS kritischer Infrastrukturen

Die Eintrittswahrscheinlichkeit von Cyber-Angriffen, die von Nationalstaaten ausgehen wird als hoch angesehen, da es solche bereits in der Vergangenheit gab und diese in der Lage sind, enorme finanzielle Mittel aufzubringen. Das Schadensausmaß wird hingegen als gering bewertet, da viele Nationalstaaten zwar die Mittel für Angriffe aufbringen können, selbst aber auch leicht angreifbare kritische Infrastrukturen besitzen. Die Situation ist vergleichbar mit dem Besitz von Atomwaffen.

Angriffe von terroristischen Vereinigungen sind mit einer mittleren Eintrittswahrscheinlichkeit eingestuft, da es vermutlich noch etwas dauern wird, bis das benötigte Know-How so einfach und kostengünstig zugänglich ist, dass Cyber-Angriffe eine Alternative zu konventionellen Anschlägen darstellen. Das Schadenausmaß wird jedoch hoch bewertet, da anzunehmen ist, dass Terroristen ein Interesse an größtmöglichen Schäden mit hoher Aufmerksamkeit haben.

Die Bedrohung durch Angriffe von Hacktivismus-Bewegungen hat eine hohe Eintrittswahrscheinlichkeit, da erwartet wird, dass die Verlagerung von Aktivitäten in das Internet sowie die Organisation über digitale soziale Netzwerke relativ schnell fortschreiten wird. Das Schadenausmaß wird als gering bis mittel bewertet, da politische Bewegungen meistens nur Aufmerksamkeit erregen wollen ohne größere physische Schäden zu hinterlassen.

Cyber-Angriffe von Internetarmeen werden ebenfalls als sehr wahrscheinlich eingestuft, da hier ggf. auch die Unterstützung von Nationalstaaten gegeben ist. Aus denselben Gründen wie bei den Nationalstaaten wird das Schadensausmaß zunächst als gering angesehen. Da

11

hier jedoch keine vollständige Kontrolle über das Handeln besteht, wird eher eine gering bis mittlere Einstufung vorgenommen.

5 Fazit und Ausblick

Im Laufe der Arbeit wurde deutlich, dass Cyber-Angriffe auf ICS kritischer Infrastrukturen, neben rein finanziellen und wirtschaftlichen Schäden, potenziell physische Schäden inklusive der Bedrohung von Menschenleben zur Folge haben können. Heute weisen die meisten ICS erhebliche Mängel hinsichtlich IT-Sicherheit auf, wodurch Cyber-Angriffe eine interessante Alternative für die Sabotage von Industrieanlagen darstellen können. Dies gilt allerdings nur unter der Voraussetzung, dass die benötigten Mittel für solche Angriffe auch bereitgestellt werden können. Gelingt dies jedoch, stehen den Angreifern theoretisch sehr viele Möglichkeiten der Manipulation offen.

Rückbetrachtend muss man festhalten, dass die getroffenen Annahmen hinsichtlich der Eintrittswahrscheinlichkeiten möglicher Bedrohungen für ICS unter der Voraussetzung gelten, dass in der nahen Zukunft kein radikales Umdenken hinsichtlich der IT-Sicherheit von ICS stattfinden wird. Sollten Betreiber kritischer Infrastrukturen die IT-Sicherheit stark verbessern, würden Cyber-Angriffe dadurch vermutlich wesentlich weniger attraktiv. Außerdem hängt die Eintrittswahrscheinlichkeit auch von der Zugänglichkeit von Cyber-Waffen ab. Es ist jedoch anzunehmen, dass das benötigte Know-How sich weiter verbreiten wird und auch die Weiterentwicklung von Cyber-Waffen dementsprechend schnell fortschreitet. Es wird also zum großen Teil von den Betreibern von kritischen Infrastrukturen und ihren Bestrebungen nach besserer IT-Sicherheit abhängen, ob Cyber-Angriffe auf ICS zukünftig ernsthafte Bedrohungen für die Menschheit darstellen werden oder ob dies nur theoretische Szenarien bleiben.

Literaturverzeichnis

Bundesministerium des Inneren (BMI). (06 2009). *Nationale Strategie zum Schutz Kritischer Infrastrukturen (KRITIS-Strategie).* Abgerufen am 11. 07 2013 von http://www.bmi.bund.de/SharedDocs/Downloads/DE/Themen/Sicherheit/SicherheitAllgemein /kritis.pdf;jsessionid=491FDD4A5DBC867FE7AD63EC159BF06C.2_cid295?__blob=publica tionFile

Bundesministerium des Inneren. (02 2011). *Cyber-Sicherheitsstrategie für Deutschland.* Abgerufen am 11. 07 2013 von http://www.bmi.bund.de/SharedDocs/Downloads/DE/Themen/OED_Verwaltung/Informations gesellschaft/cyber.pdf?__blob=publicationFile

Denning, D. E. (05 2000). *CYBERTERRORISM - Testimony before the Special Oversight Panel on Terrorism.* Abgerufen am 11. 07 2013 von http://www.stealth-iss.com/documents/pdf/CYBERTERRORISM.pdf

Denning, D. E. (11 2001). *Is Cyber Terror next?* Abgerufen am 11. 07 2013 von http://essays.ssrc.org/sept11/essays/denning.htm

European Network and Information Security Agency (ENISA). (12 2011). *Protecting Industrial Control Systems.* Abgerufen am 11. 07 2013 von http://www.enisa.europa.eu/activities/Resilience-and-CIIP/critical-infrastructure-and-services/scada-industrial-control-systems/protecting-industrial-control-systems.-recommendations-for-europe-and-member-states/at_download/fullReport

Falliere, N., Murchu, L. O., & Chien, E. (02 2011). *W32.Stuxnet Dossier.* Abgerufen am 11. 07 2013 von http://www.symantec.com/content/en/us/enterprise/media/security_response/whitepapers/w32 _stuxnet_dossier.pdf

Fraunhofer SIT. (07 2010). *Vergleich der Sicherheit traditioneller IT-Systeme und Public Cloud Computing Systeme.* Abgerufen am 11. 07 2013 von http://www.force.com/export/sites/force/de/assets/pdf/Studie_Fraunhofer.pdf

Gordon, S., & Ford, R. (2003). *Cyberterrorism?* Abgerufen am 11. 07 2013 von http://www.symantec.com/avcenter/reference/cyberterrorism.pdf

ICS-CERT. (06 2012). *ICS-CERT Monitor .* Abgerufen am 11. 07 2013 von http://ics-cert.us-cert.gov/sites/default/files/ICS-CERT_Monitor_April-June2013_2.pdf

ISA. (10 2007). *Security for Industrial Automation and Control Systems Part 1: Terminology, Concepts, and Models.* Abgerufen am 11. 07 2013 von http://www.isa.org/filestore/expo/2009/PressKit/Information%20about%20ISA/Membership/S amples%20of%20Free%20ISA%20Standards%20and%20Technical%20Papers/ANSI%20ISA %2099-00-01%20%202007.pdf

Kaspersky, E. (10 2012). *NOTES, COMMENT AND BUZZ FROM EUGENE KASPERSKY – OFFICIAL BLOG.* Abgerufen am 11. 07 2013 von http://eugene.kaspersky.com/2012/10/16/kl-developing-its-own-operating-system-we-confirm-the-rumors-and-end-the-speculation/

Mc Afee Foundstone Professional Services; Mc Afee Labs. (02 2011). *Global Energy Cyberattacks: "Night Dragon".* Abgerufen am 11. 07 2013 von http://www.mcafee.com/us/resources/white-papers/wp-global-energy-cyberattacks-night-dragon.pdf

Mc Afee Labs. (2011). *Bedrohungsprognosen für 2012*. Abgerufen am 11. 07 2013 von http://www.mcafee.com/de/resources/reports/rp-threat-predictions-2012.pdf

Mc Afee Labs. (2012). *Hacktivismus: Das Internet ist das neue Medium für politische Stimmen*. Abgerufen am 11. 07 2013 von http://www.mcafee.com/de/resources/white-papers/wp-hacktivism.pdf

Schairer, J. (10 2007). *Verwundbarkeit und Angriffsmöglichkeiten auf SCADA Systeme*. Abgerufen am 11. 07 2013 von http://www.joachim-schairer.de/VWEW-Vortrag_Fulda_17_10_07.pdf

Spiegel Online. (11 2010). *Spektakuläre Virus-Analyse: Stuxnet sollte Irans Uran-Anreicherung stören*. Abgerufen am 11. 07 2013 von http://www.spiegel.de/netzwelt/gadgets/spektakulaere-virus-analyse-stuxnet-sollte-irans-uran-anreicherung-stoeren-a-729329.html

Stouffer, K., Falco, J., & Scarfone, K. (06 2011). *Guide to Industrial Control Systems (ICS) Security*. Abgerufen am 11. 07 2013 von http://csrc.nist.gov/publications/nistpubs/800-82/SP800-82-final.pdf

Symantec. (10 2011). *W32.Duqu: The Precursor to the Next Stuxnet*. Abgerufen am 11. 07 2013 von http://www.symantec.com/connect/de/w32_duqu_precursor_next_stuxnet

Symantec. (05 2012). *Flamer: Highly Sophisticated and Discreet Threat Targets the Middle East*. Abgerufen am 11. 07 2013 von http://www.symantec.com/connect/blogs/flamer-highly-sophisticated-and-discreet-threat-targets-middle-east